Picolé e alferes – só poesia
Filipe Moreau

Picolé e alferes – só poesia

Filipe Moreau

2ª edição, 2019 | São Paulo

LARANJA ORIGINAL

Hoje pode transformar
E o que diria a juventude
Um dia você vai chorar
Vejo claras fantasias

Luiz Melodia

Prefácio

Você que está aí paradinho entre uma chacina e uma pedra no caminho, saboreie a sobremesa industrial "Picolé e Alferes", aquela que não faz mal. Poderá se envolver em tudo que aconteceu na pré-história, ou, se preferir, na pré-histérica cultura de sangue, onde o macaco pelado desceu das árvores para se tornar homem. Divirta-se por este labirinto de verdades que trombamos por aí, subvertendo a ordem de achar tudo racional, aquilo que quase sempre é incrivelmente irreal.

Você sabe que tudo é tão real que as ruas são quase retas e as esquinas semicurvas. Tudo bem se estão te espionando e se sua cabeça jamais será jogada num liquidificador. É claro que uma língua na boca de uma mulher lambuza seus instintos mais que animalescos, e é bom. Conhece-se o remédio pra tosse, garante-se a posse e nas veias pode-se injetar tranquilizadores antidores. Quando estiver cansado, fume um cigarro. Sua namorada? Apaixone-se, ou esqueça.

Mas o que você não sabe é do buraco negro, do oposto, do escuro. Você não gosta de paranoias, do medo, do irreal, da mania, do vício, da carta-bomba, da morte, da menina tonta que vomita em você as regras de como ser. Não se cura a AIDS, o câncer, a lepra. Não se cura a falta de *security*. Mas, mesmo assim, mesmo assim.

Já que você sabe de tudo, e não sabe de nada, abre seu laboratório e venha buscar uma fórmula de filipes batidos, saboreando a sobremesa industrial "Picolé e Alferes", aquela que não faz mal.

Marcelo Paiva

Obs.: neste prefácio, de 1985, foram citados três trechos que já não fazem parte da edição atual, concentrada apenas na poesia.

São eles:

1. "Tudo sobre a coisa na pré-história, com a estória da cultura no sangue — *por increça que o parível*" (espécie de subtítulo);

2. "...o medo e a medicina na hipnose de transubstanciação ao tempo que viole casualidades bioquímicas de sermos e estamos, mas mesmo assim, mesmo assim" (espécie de segundo subtítulo);

3. "Nelson em seu laboratório experimentava uma fórmula com filipes (frutas tropicais) batidos na tentativa..." (espécie de texto introdutório).

Poesia, pois

O disco (móvel e estável)

Embala o seu destino
    ao bel "na-brisa-sem-farol"
De uma coisa doendo dentro
    e por chorar bem devagar
Sobre a terra deu o sol
    de quando um dia esteve feliz
Certamente a voar... (a voar, a voar)

De uma coisa se mexe ao encontro
    que se guarda na língua o coração
Onde o momento de algum silêncio
    dá-se à brisa sem farol
E embarca ao seu profundo
    para um tempo frente à flor
Seriamente a sonhar... (em voar, a voar)

Envolve o joelho no braço
    que se parte sonho frente à flor
Com certeza em algum silêncio
    que se tem o coração na língua
Vê-se em barca o tempo, à frente o tempo
    que se volta lento
Livremente a voar... (a sonhar, a voar)

praia rima asa vê norte ter outra
pranto riso o amar te ia ter a Vera

O avião para a vontade que nos espera no céu azul
vejovindo em renovoo de nu-vens
Chove agora e no molhado chove e agora?
Preferia ser o mais amigo daquele que me conheci
Riam da desocupação na chuva e de tudo
Por exemplo, o homem voador com um s na camisa
S de CamuS

ATRAVES sando a cidade, notamos na distinção de ruas e avenidas o barato de dar-lhes nomes, bem como aos bairros, zonas comerciais e locais onde a penetração de público é grande

louco b
louco lobo bobo, boca bola boba
louca coca cola

cuidado: mercado cercado

NOTA: minha visão é parcial, e embora achasse o início ok, fica importante ver como a cidade moderna influenciou nosso *modus vivendi*.

Micro-crime

Naquela tarde, o céu estava sendo parcialmente coberto por uma nuvem carregada que viera trazida pelos ventos predominantes de densidade variável, soprando nas direções nordeste e noroeste, fortes e moderados, para anunciar nova frente fria. Pela manhã a temperatura estava elevada e havia relativa umidade no ar. Mas no período da noite o sol desapareceu por completo; a nuvem deu início a uma forte chuva que logo aumentou em pancadarias, prejudicando a visibilidade.

Foi quando a pequena formiga foi à toa morta em um acidente alfinete.

— Eu não sei se ela vai ficar brava, se ela vai ficar grávida, talvez já até passado por essa fase, por essa frase, de: "I don't know why mas está legal". "Não sei dizer, diga você".

VEJO IMENSO E LARGO VOO
A CRUZAR POR CIMA DO ZOO
TOMANDO CAFÉ QUE NUNCA COO
SENTINDO AMOR QUE NUNCA DOO

COMENDO TRIGO E NUNCA MOO
O GOSTO DE UM OSSO QUE ROO
BARULHO DE SINO QUE NÃO SOO
FUTURAMENTE ME PERDOO

Largo o álcool
Encho-o de tálcool
Jogo-o do pálcool
But they are all cool

Me beija antes que eu parta
Eu vou trazer uma mulher de cera
Que seu nome seja Marta
Que seu nome seja Marta

E espero que fiques farta
Deixo uma cesta cheia de pera
Vou escrever uma carta
Vou escrever uma carta

Da beira de Marte e beije
Só por amar-te, baby
Que vou te levar — ela viu
E voa total — i love you

Mas não me minimize
Não me crise
Não que eu precise
Não deslize

Obrigado dona Lurdes
Mas não quero um Hollywood
E não aceito laranjada
Na verdade quero gelo

Estou esperando um táxi
Sem me preocupar com a máxi
Para andar de helicóptero
E ouvir o Eric Clapton

Dindi	zanza	desde	Kafka
Tanta	casca	salsa	bamba
Arcar	asmas	armar	asnas

Volvo	tonto	teste	zonzo
Calca	aspas	tente	estes
Barba	palpa	sonso	torto

Nascerá Mulher
Acidentalmente Ocidental
Ocidentalmente Acidental

Vai revirar um Estado
Crítico e Cético
Móvel em Estável

Há lágrimas em dropes da cidade:
Nas correntes de automóveis...

Que se acercam dos que acenam
E encerram aos que cercam

EU DIGO

C O N T I N U I D A D E

Com prazer no tesão por t r e p a r

No meio da noite
No verde brilhante da mata
Senti-la entender e inter p r e t a r

O que se passa
E como passa
E se passa
E o quê

Estou cansado
Talvez até precise de um cigarro
Eu já me sinto realmente acabado
Por favor, entre no meu carro

E não apenas sente-se ao lado
Por favor não apague o cigarro
Sem que pareça forçado
A qualquer hora eu agora a agarro

Minha namorada

Essa apaixonada
Me engana
E me esmaga
Mas me embala

A

LAREIRA

CLAREIA

        CLAREIA

ORELHAS E OLHEIRAS

A LAREIRA

CLAREIA

ORELHAS E

OLHEIRAS

A

Lareira

Clareia

Orelhas e

O

Lheiras

YOU KNOW LIFE CAN BE LONG
E não há inversão
E não houve explicação
E não aja tanto
Agora ande
Mande chamar

Meu caro burguês
De carro não...

Nada vai mudar o céu
Nada vai mudar o céu

YOU SAY YES I SAY NO
E digo que não — sei
Se há alguma inovação (somos da terra)
E não se expl   ique
                                  ora
             col   oque
                                  ora
Ande agora
Estacione no assunto

Meu caro burguês
Declaro não:

Nada vai mudar o céu
Nada vai mudar o céu

Vem te entender
a grande lua
por
não se encontrar alucinante
ao ver-te e dever se
esclarecer à nova nuvem
que se estende adiante

Casa começa com c. Casamento começa com c, coração começa com c. Com cada c começo contando como conseguimos causar certa confusão.

Em e, estávamos eu e Elza esperando explicações enquanto eles espiavam entre estranhas escrivaninhas. Estes exemplos eram experiências em escritórios, e eu e Elza esperávamos esclarecimentos.

Fraco f. Fazia frio feito fazenda finlandesa. Flocos faziam folhas ficarem feias, foram fazerem frutas, flores, frias. Fazendo ferramentas fortes, fechaduras, ferrolhos ficarem fortemente fechados, ficava fácil ficar feliz.

Agora a. Ainda agora alguém agitou auxílio, ascendendo as almas, abandonando as armas. Agia assim, acordando alguns andantes atolados, aprendendo algo ainda a acalmar acontecimentos ao acaso.

Muito m. Manhãzinha minha, muita menina, mas muito melhor mudar meu modo medindo minhas melancias. Melodia misteriosa, mal moveria marolas, mas Marcelo mudara mostrando músicas místicas. Menini-me.

Raro r. Rubens recebia rápidas respostas. Rindo, respirando regularmente, resolveu recitar rosas, rios, rezas, rituais. Resoluções ratificadas, responderam retrogradamente: rapaz, responda respeitando radicalmente resoluções.

Toda mania estranha a delícia da fruta que dá no chão
Todo baiano tem de ser gente fina
Todo amor
Todo pavor de quem não quer ir ao cinema e eu não

Toda beleza esmaga o embalo na fonte do coração
Todo menino é sempre o menino ideal
Cheio de amor
Cheio de cor de quem não tem medo nunca e eu não

Me iniba mas
Não me deprima
Me proíba mas
Não me reprima

Me acuse mas
Não me atire
Me retire mas
Não me recuse

Me ature mas
Não me sature mas
Me acuda mas
Não me sacuda

Mais visuais

o
pou-
so
do
sol é
lento

entre as flores

para parar
o longo vento sobre o mar

o
tempo
do
sol é
con-
creto

como um grande mergulho
ao “decida-se” na descida
da onda azul

(“antes que o dia arrebente
e a definitiva noite
se e s p a l h e”)

oi eu
foi meu
flor amor

essa fal... saci-tu-ação
me obriga a ajudar
corre-corre pelo meu sangue
a realizar
esquecer
chute por entre estrelas

C
A
D
V O C Ê
e te amo

você tem
de voltar
você tem
de ser livre

por favor
fique
comigo
para sempre

não não não quero mais saber disso não
não não quero mais saber disso não
não não quero mais saber disso não
não quero mais saber disso não
não quero mais saber disso não
não quero mais saber disso
não quero mais saber disse
não quero mais saber
não quero mais saber
quero saber disso
quero saber disso
quero mais
quero mais
saber
saber

you not
this can see

des can se

rever

reviver

A(S)T(R)O(S)

Be_4 I_{53} Be_4
V_{23} Am_{95} Os_{76} Li_3 B_5 Er_{68} Ar_{18}
O_8 F_9 U_{92} Mo_{42} N_7 As_{33}
F_9 Es_{99} Ta_{73} S_{16}
O_8 S_{16} O_8 N_7 Ho_{67} Co_{27} Mo_{42}
Co_{27} Ca_{20} Co_{27} La_{57}

Es_{99} Th_{90} Er_{68}
N_7 As_{33} F_9 O_8 N_7 Te_{52} S_{16} Pu_{94} Ra_{88} S_{16}
N_7 Am_{95} O_8 Ra_{88} O_8 S_{16} N7 As_{33} Lu_{71} As_{33}

Cr_{24} Y_{39} Ba_{56} B_5 Y_{39}

S_{16} He_2 'S_{16} Ha_{105} Re_{75} Kr_{36} I_{53} S_{16} H_1 Na_{11}

Testes em cascas

TESTES
CASCAS

Focos de flocos foscos

CESTAS MESMAS

Lasca a casca deste teste

testas
estas

para tratar, propor, (en)treter, (in)ventar, (es)trutur(ar)

Etérea alma clara d'áurea n'água

```
          a m o r
          m o r a
          o r a m
          r a m o

          l
      n a u
      u n a
m u s a u n i c a
          d                           s u r f
          a                             s u r
                                          s u
                                            s
                                            t
                                          a r
                                            a

                     u p   a
                     p u l a r
                       l u z
                       a z u l
                     a r   l a

                        p r a i a
                        r i m a
                        a s a   v
                        n o r t e
                        t   e r
                        o u t r a
```

p r o s a r
l e p i d a
a c e n o s
c a r u r u
a t a c a r
s a r a r a

p a n a m a
a b a f a s
r e m i t i
a t o n a l
t o r a v a
i s o l a r

p e d a l e
a d e r i r
r i m a d a
a t i r a m
d a t a d o
a m a m o s

a m o l a m
d e m i t o
o l i v a l
r e t i v e
a c i d e z
m a r o l a

p a p a d a
a c a b e m
c a p a d o
a t i n a r
t a l a r a
a m a r a s

c a b i d a
a t o n a l
r e b a t i
a m o l a s
c o c a d a
u s a r a m

a c a c a s
t o c a v a
i n a b i l
r e t e s o
e x a l a i
m o r o s o

i c a v a m
r o m a n a
a m a r e m
r o d e l a
a d o t a r
m o r a r a

a p a g a r
b u c e t a
a p a r a m
l i m a d o
a l a d a s
m o r o s a

a p a r a r
p e t e c a
i n u m e m
t i r a n o
a c a r a s
m o r a r a

a p a g a m
d i l e t o
o c u l a r
r o d a d o
a t i v o s
s a r a r a

a p a r a r
b a n i r a
a l u g a m
f a l i d o
a t a d a s
m o r o s a

d
e

c
i
m
a

d m
e a
s i
s s
e   p
    c a
b o r
o i e p
n s c e
d a e q e
e s m u n a s

s e
m b o r a
l g u m
e d o
s t e n t e
s s e
s p e r a r
i s o n h o ...

s   raiante
embora   meu
     l   n
     g   i
     u   v
     momento   e
           c   r
           u   s
           l   oculto
           t   c
        esse   e
        s   a
        p   n
        e   onde
        r   x
        a   p
        risonho   l
              b   o
              s   r
              c   outros
              u   o
              r   n
           esse   h
           s   o
           t   s
           r
           a
           n
           h
           olhar

s
e
n
t   sem
i   e e
n   r s
d   e m
outros ouvir
          a
          z
          õ
          e
        sãs
        i
        m
        p
        l
        e
        sentindo
               s
               t
               e
               n
               t
               a
           rever

          reviver

```
                                o b s c u r e
                                h           s
                                n           s
          o c u l t e           o           e s t r a n h o
s e       t         s           s                         l
  m       n         s           i                         h
  b       e         e s p e r a r         u e m           a
  o       m                               n   e t n a i a r
  r       o               e d n o         i
  a l g u m               x     n         v
                          p     a         e
                          l     e         r
                          o     c         s
                          r     o t l u c o
                s o r t u o
                o
                n             s i m p l e s
                h             ã           e
                o   r a z õ e s           n               r
  o d n i t n e s   i                     t             r e
  u                 v                     i             e v
  t                 u                     n             v i
  r         m e s m o                     d             e v
  o         e                             o s t e n t a r e
  s e r e s                                               r
```

COM ESTE SENTIMENTO
ME MO ME N T O
DI VER AS TEN
TATI VAS DE A
BAN DONO
SO BRE O MAR

c a n t o

c o n t a

c **a n** t o

c o **n t** a

c a n **t o**

c o n t **a**

b o t a m

b a t o m

b **o t** a m

b a **t o** m

b o t **a m**

b a t o **m**

c i d a d e

c e d i d a

c **i d** a d e

c e **d i** d a

c i d **a d** e

c e d i **d a**

c i d a d **e**

              b
        b   a
        o   t
        t   b o t a m
      b a t o m
b o t a m   t
      t   a
    b o t a m

```
      c
      e
  c   d       c
  e   i       e
  d   d   c i d a d e
c i d a d e   i
  d   c i d a d e c e d i d a
  a   e   i d a d e
      d   d       d
      i   a       i
      d           d
      a           a
```

Musas

Faca Faça
Porque somos da raça
Da força do Floyd
Fonte do vento

Beleza
Isabel

Muda a minha vida
Como uma onda em sua mão
Muda a minha vida
E eu a quero em qualquer lugar

Bel a quero
Mal a quero
Mais a quero
Bel a quero

Em 77
resta amá-la loucamente
perdidamente
desesperadamente

dance e
lance e
balance o
ar
(não deixe eu
a tocar)

olhe
(mas não pra mim)

finja estar
a tempo
de aceitar
mais um

mesmo sa-
bendo que
quando se
encostar
dará chan-
ce de enfiar
a faca em

As bocas abertas babarão um sono indisfarçável
E mil projetinhos e ideias burras farão ruir a escola
Não se dedicará esforço a nenhuma matéria ou
[professor
Que será ouvido apenas entre os bate-papos
[dos alunos

Os trabalhos recentes serão desencorajados
Porque estarão brilhantes e pesados como um
[maço de Continental
Porque de café em café mais cigarro se fuma
Porque de filtro pisado será a maquete da próxima
[capital

E enquanto estiver sem tinta não se usará nanquim
Enquanto estiver sem uso não se usará a lapiseira
Os projetos rasgados serão recolados
E os papéis vegetais, mineralizados

E os panfletos e os jornais murais serão despolitizados
Por uma questão de censura interna
Como quatro bares não fazer concentração

Vão encher as caixas d'água com fórmulas e equações
Vão terminar com todas as misérias da mão de obra
Por uma questão de hábito
Uma questão de paralisação interna
Vão tramar soluções brilhantes
Como em quatro bares sem haver concentração

Luta pela manhã
Segue a sua passeata
Vai mostrando a cidade
E aonde ir

Vê o rio e ao passar
Reivindica liberdade
Mostra o som da cidade
A quem sonhar

ô
ô ô lá
ô lava a cara lá
lá

```
                l
          f i l i p e
          i s a b e l
          l a   e
        l i b e r d a d e
  f i l i p e   d
  i s a b e l   a
  l a   e       d
l i b e r d a d e
  p e   d
  e l   a
        d
        e
```

Bel itnan
Vão deixar-se levar
Bel itnai
Para onde do... ar?

No sol lerão
Seu coração
Dirão que é bom
E amarão

Bel itnag
Sem deixar-se flutuar

Bel igna
Vão apenas levar
Bel ivna
Pra longe do... ar?

No mar serão
A agitação
Dirão que sim
Ainda é verão

Bel ivda
Vão deixar-se ali voar

B risa E faro L
Derrama-me o barril
Por esparr amar-me
Em coisas que anti-mesmas
Confundem-se no espiral

O céu azul existe
E está calado
O céu azul do nosso lado

Ainda escuro
De tão escuro o mar
Há chutes nas pedras pretas
Tudo bem abaixo

Nada resta em mim
Mais que na minha cabeça

As nuvens pretas vão
Nada mais de mim
Resta em minha cabeça

Cante das nuvens pretas
Não há nada em minha cabeça

E não se fará nada sem amor
Nem se fará nada pelo amor

Como se as nuvens pretas tivessem baixado
Coberto todos os espaços
E no meio da ventania
Não se encontrasse nenhuma porta

(Todas estavam trancadas)

Como se...
Nada, nada há de se fazer
E nada vai melhorar
Pois não podia ser pior

Nunca mais eu falarei “I’m living in home”
E meterei o pé na estrada
Com uma louca dor
Como uma pedra louca

Bel, lance
Luz
Por onde ande
Eu

Ainda sonho
Tanto
Quanto antes

Que a última estrela vai ser nossa
E a última estrela não vai ser nossa

Vera, crave
Em meu corpo
Esse seu entrar mais
Tranque

Chore
Só mais
Um pouco

Meu amor é como o mar
Como o ar, mar, santa

Vera sabe o quanto eu tento
E que se não me queira ou venha a mim
Não me entristece

É vento em trança a qualquer transe
E não me entreponho ao que quiser
Tento em qualquer tarde

E tarde trato de escolher
Se qualquer canto é pra viver
Antes ser o mais — the much in love

Márcia

Calmamente eu lhe pergunto
Onde pôr minha canção

Pois da janela sai uma estrada
Que chama e me convida pra subir

Lia, ó Lia
Não ouves os cantos
Quem vem pelos campos
Em meu coração?

Lia, ó Lia
Tu não me escutas
A gritar das grutas
Com dura aflição?

Lia, ó Lia
Não te enterneces
Nem entristeces
Com minha dor?

Lia, ó Lia
Morro de amor!

Tana

Gira sol do ar
Girassol no mar
E atrás tem outro mar

Se eu chorar não cante — não é só a vida
Ainda moro na fumaça colorida
E sonho à noite a lua azul vestida

Como vai
De vento solar
E de estrela do mar?

O vento do mar
E a estrela solar?

É o que você quer: assim
Porque prefere assim
Sempre me ver chorar

Não se lembra mais da lua
        nem do céu azul que eu quis mostrar
Nem se importa com a lua nem à luz
        de quando encontra o mar
E vai ali ficar

Não distingue mais nas ruas
        os que querem só importunar
Não lembra mais de nada
        que não seja para magoar
E nem vai mais falar

Quando a tarde
Cai
E o sol se põe
E na lua
Nela brilha
Luz que esvai

Vânia
Vânia vem
Pra mim
Vem pra mim

Isa (segredo sagrado)

Discreto obstruir do astro
Descrito abstrair da ostra

Espelho emitindo o uso
Espalha imitando a asa

Isa omita o obsoleto
Asa emita a absoluta

Tua remota sirene salva
Teu, remeto serena selva

Letras de músicas não gravadas (1974 a 1980)

Quase não pare

Na rua afora
Apesar do que atravessa agora
Avança louco e sem farol

"Ei, meu, desprende a fonte e vai manchar"
O sonho solto do lençol, que o sol
Fechará frio por trás do longo rio
Evoluindo em espiral

Frio de andar sozinho e longe
Das flores de quintal

E gira
Porque ainda chora de mentira
Porque ainda sofre
Por engano

E sente mais um ano quando chove de passagem
Anda e deixa mais engano quando dorme na viagem

Arde o ar
Ao ver a luz entrar
Brincando de bater-se ao fechar

"Sei, sei", e na janela ela parar
Ficando escuro e o vidro opaco pelo fato
De estar fraco, bêbado e falando só bobeira
Que a sua orelha e olheira se clareiam na lareira

Libeblues

Há uma reivindicação agora para o povo
Que se move em luta à liberdade
De readmitir um grande país, tudo de novo
Que já não tenha mais cidades

O céu azul está calado
O céu azul do nosso lado
O céu azul que se expande mas agora
Está calado
Só abre do nosso lado

Eu nasci numa malha urbana
Mas pretendo ir pra um planeta bem distante
Eu nasci nessa cidade mas pretendo ir
Pra um planeta bem distante
Eu nasci em um xale
Mas pretendo ir pra um planeta bem distante
E que se mova como antes

E vai se entender na grande lua
Por não encontrar-se alucinante
Ao ver-se em dever de esclarecer-se
À nona nuvem
Que se estende adiante

Mar, céu
Nana não precisava ir
Sei que nem parou pra me ouvir
Mas olhou-me da estrada em que sempre estou só

"Jesus!"
Vocês não precisam fingir
Nem de dengo n'água perdi
Porque fazem sentir quanto nunca estou bem

Discos, eu não voo, não
Diz que não, "não mudei", não, *now* errou, mas
Quando comecei
Tudo era facinho
Tudo tão "menine-me"
Faz "na-ni-na"

Vocês não compreendem razão
Mas sacaram quanto estou com
Eles fazem sentir quanto nunca estou bem

Krishna, discos eu não voo
Diga "não, não, não, não", não, não errou, meu
De quando renasci
Já afloram dez anos luz
É tudo tão fascínio "in id"
Falou

Ela não gostou de morrer
Ele nem gostou de sofrer

Menino Jesus

Menino Jesus
Eterno pregado na cruz
Um sangue jorrado no espaço
Da perna, do peito e do braço
Coração
Eternamente
E eternamente

Menino na cruz
De olhar tão veloz quanto a luz
Eu conto com Deus
Para ter-te

E a Shangri-la irás voltar
Sempre que sonhares
De todos os lugares
E Céu que olhares

Pois quando receio
O que creio
Eu recrio

Lok

Um lok sorrirá ao recebê-la de um delírio constante
Por esquecê-la além, além e atrás daquela idade
[alucinante
Em que pousou um coração do hemisfério norte
[sobre o sul num clarão

Depois de superado o último amor alienígena
E o ciclo de ar nas plantas, nas minhocas
[e algas líricas
Mais repensado que a mais repensada das mais
[repensantes das filosofias

Rirá
Lúcido que nem o an old beatle song
E dirá que é strong
Apaixonadamente da rua Peri
Rirá que eu ri
À pedra da maré num sol of a beach
Rirá

Um pouco reservado ao pleno dano físico
De todo vinho, todo álcool e todo líquido
E enfático nos atos matemáticos em meio à
[imaterialidade que se sonha

De um ponto equidistante entre o ácido e a maconha
E ao teto misteriosamente olhará o lok
As coisas que ele soltar ao rir farão não sei dizer
[e não digo, então

Àquele que num movimento imitará os polvos
E abraçará a todos não por ser romântico
Mas pelo fato de poder tomar-se do invisível
[sem provar do ópio

Quando você mandou
Se mudou
E nem perguntou
Onde eu ia estar
Algo diferente
Me ocorreu
Escorrendo com pressa

Sapatinhos de tricô
Colares fáceis
De usarem
E me acusarem
De que esquisito — estou
“esquizoide” e cheirando o vento

Do mato
De sapas, patos
E cobras belas
Que engolem os músculos
Dos vinte e um anos minúsculos
Minúsculos vinte e um anos
E latindo de ter dor

Que o meu amor
Não foi fácil de eu ter ganho
“Histórias de tanta ilusão”
E se perguntarão
Eu já não posso mais
Montar de coração
Sem ter cor nem ação

E nem quero tentar
Tudo é "tudo igual"
E se claro qualquer coisa
Foi legal
Tudo legal foi qualquer
E qualquer coisa a se tentar

Me acorrente de diamantes
Com ouro e pra quê?
Se ela não vai ficar
Em mim o quanto eu bem quiser...

Qualquer coisa
Qualquer coiso
Zumbindo do umbigo
A um círculo den' dum dos olhos dos
Vinte e dois anos
Ou vinte e três anos
Que um latino é durador

O meu amor
Não foi fácil pra cegonha
Estourar de tonta
Em luz e som

E se perguntarão
Direi "não"
Montei essa canção
Sem calor nem som

Uma mulher ficou sozinha
Com o bom no ar de estar respirando
Pensando coisas loucas
Sobre essa solitária ocasião

E ri simplesmente conversando
Já não há mais agora qualquer contraindicação
Então faço dessa uma situação que eu a toco
Para que coisas boas entrem com o ar

A uma mulher que ainda está solitária
Aparecendo naquela fotografia do que ela é
Mas se sente quase mesmo como que
[uma nova mulher
Uma mulher e apenas as suas coisas — boas ou
[não — ficou sozinha

E quando ela estiver pelo ar
Sonolenta e tirando coisas da cabeça
Amando loucamente, com tanto amor
Que então puxará com força o cabeça

Será de novo uma mulher sozinha
Que sem nenhuma indicação deixará a ocasião
E tirando apenas as coisas boas ou não
Só irá fazer as coisas que quer

General

Noites inteiras
Sozinho no rio
O homem de mil estrelas
Ainda não descobriu

Que não adianta esperar
E nada haverá de concordar

Dias em folhas
Sozinhas no ar
Pro homem de mil histórias
Que só se recusa a pensar

E não adianta se enganar
Pois logo vão todos alcançar

Às tardes na lua
Sozinho no céu
O homem de mil segredos
Não deixará no papel

Por quanto é preciso se salvar
E quando é preciso espernear

Passavento

Não estranhe a hora natural chegar
E chore se na estrada nada mais tocar
Mora-se onde há ainda um dia a se acabar

Triste e tarde vem a chuva
E molha a terra e cobre o chão
Deixando mudo o nosso coração

Que quase não lamenta ou se contenta em vir à mão

Com tanta ventania
E o sol por trás de tudo que se cria
Amansa enquanto alcança mais um dia

Triste e tarde vem a chuva
E cobre a terra e cobre o céu
E tudo se desenha num papel

Que traça o arco íris se enrolando em carretel

Não se canse, a hora principal chegou
Vê-se a estrada ainda não parou
Chore agora apenas pelo que deixou

Tarde a lua chega à Terra
E encobre a rua e brilha o chão
E se estiver cansada, diga não

Ou se estiver sozinha ouça a linha da canção

Visual total

Lua, visual total
Lua, agitação normal
Lua, aonde vai?

Lua, vibrante e natural
Lua, no espaço sideral
Luz que não cai

Eu juro que me perco na loucura da canção de amor
E voo, adentro o que cabeça viu de um disco voador
Lua, por onde for

Eu juro que ainda pego e rasgo o furo dessa dimensão
E mostro o fogo à grande descoberta e nova direção
Lua, calma e chão

Eu juro que me perco na loucura de olhar o mar
E volto à mesma máquina de um tempo que se inventar
À sensual lua

Se a boca já não sente ou a cabeça explica o coração
É triste porque nunca soube mesmo como dar perdão
Lua, luz e canção

Lua Branca

Quem quer brincar
Quem quer ficar
sozinha

Quem vai chegar
De algum lugar
Acima

Lá de cima sozinha

Quem vai entrar
Ou vai ficar
Na rua

Quem vai morar
Ou vai tentar
Ver nua

(E ser sua)

Lá de cima
A lua

Rock do ss

Vez em quando eu olho o mundo inteiro
e sinto uma vontade de voltar-se a tudo atrás
pra nunca mais chorar
Nem ter a profundeza da certeza inconcebível
ao sistema solar

E toco uma guitarra, canto alto precisando
extravasar pra nunca mais chorar
E amar talvez acima do que o rock desafina
Em seu sistema solar

Um rock diferente do mar
Vivente o ecossistema do mar
Um rock assim crescente ao sol nascente
do oriente no sistema solar

E é do sistema solar
O rock decrescente ao sol nascente efervescente
no sistema solar

No rock sente-se o sobrevivente e mente inconsciente
ao sol poente do sistema solar
e venta-se sobressalente simplesmente comovente
em seu astral bipolar

O rock diferente do Oriente ao sol nascente
E consciente do sistema solar

E o rock assim pressente consequente
ao sol nascente esse deitar e rolar

De um rock diferente do mar
Ciente e ecossistente no mar
Um rock assim crescente ao sol nascente
no oriente do sistema solar

E é do sistema solar
O rock decrescente ao sol poente incandescente
do sistema solar

Ei, passarinho
Voe bem baixinho
Pra ninguém notar

E fixe um olhar lá no céu
A ver-se no brilho do anel
Descubra-se em nuvem num véu
Sabe-se o gosto de mel

Letras de músicas não gravadas (1981 a 1984)

Primavera

Foi uma fria, muito fria primavera
No inverno quase nevou em São Paulo
Estou certo que fez frio nessa longa primavera
Em que do meu lado os pássaros voaram para fora

Só espero que seja menos frio e morno
o final de primavera
Sei que os meus pés procurarão andar
para um intenso e muito imenso verão

e que para o meu lado
os pássaros sempre voltem

Vou voltar
Mas não sem meus amigos

Quando as luzes de cidades começam a se cruzar
Sei que não há mais chance
Mas estou amando e o meu amor
andou quebrando corações

E assim a história mundial brinca ao nosso redor:

"às vezes eu penso muito em você"
"às vezes eu choro por amor"

Só espero que o frio saia em breve
De tudo à volta

Elza e o vestido

Qual problema
De você estar assim
Vestida e bela assim
Você quis!

As pessoas chamam
Atenção de que quando
Você usa o vestido
Será sempre assim
bonita flor-lis!

Você também o costumou usar
Quando não quis ser ninguém

Mas todo mundo
Todo mundo ainda a queria
E agora não
Agora não mais

E está tudo bem
Está tudo bem e era
Exatamente o que você precisava
Como eu quis

É como se viu
No seu estado civil
O que está nos seus olhos
É como os baixos dóricos
É como a chuva fria
E como o seu cabelo

Depois de tudo vou bem
ok — ah é, agora eu sei
Você vai ter quem quiser:
justo eu!

Ninguém está aqui
para encontrar você na rua
Mas agora você
quer encontrar
justo eu!

Eu sei o seu número
Não tem problema nos meus olhos

Há um misterioso sonho
Que agora é com você
E você tem de realizar

Eu sempre disse isso
A uma esponja de banho amarela:
Não há no ar a voar — nada
Ninguém a voar no ar

Mas agora você está à vontade
Cheia de aroma e à vontade
Eu sei
Flor de lis

Onde se viu
Onde já se viu?
O que está nos seus olhos
É como a lua fria
E como um grande vão
Sem ter direção

Há risos dos que compram
O vestido
Pessoas bonitas olham e veem:
Você fez!

Há risos e carinho
Dos que olham sempre
Ao mesmo tempo:
Você e eu!

Você também costumava
ser um tanto carinhosa
E um pouco a sua mãe
sentiu a falta

Mas agora não
Você deixou
confuso todo mundo

E todo mundo agora
parece estar invisível
Não tem mais segredo
agora: flor que eu quis

É como se viu
O seu estado civil
É como a chuva fria
Como o seu cabelo
E com um grande cão
Que você encontrou

Tonico e Osvaldo

Alô, amigo
Que bom estar contigo
E novamente eu digo ao mendigo
"Desculpe-me
Enquanto beijo o vidro"

Alô, amigo
Bom beber contigo
Quase morri nesse ligo-desligo
Desculpe-me
Às vezes beijo o vidro

Borboletas soltas
Esperam um trem
Mas que não venha com segredos do meu som

Os pássaros voam baixo
E imitam a chuva — com a cabeça para baixo

O sol está para rolar onde não há chuva
Vai rolar só sol onde não há ninguém

Frio — eu agora estou frio
E procuro minha independência no sonho
Espero estar na minha ouvindo um blues

E espero você dizer a tempo
Se isso não é uma coisa estranha
E que a gente cante um som juntos
Sobre a "drivania"

(só se for um novo mundo
Aquela terra prometida
Onde não há nada a se perder
E nem nada que não tenha liberdade)

Espero estar na minha quando eu canto um blue
Você sabe que isso faz só bem pra mim

Quando eu pego na guitarra
E tento uma canção
O B. B. sabe tudo do meu som

E é porque a gente tem sempre
A satisfação de poder estar juntos

Mas se um dia eu perder você
"Oh, não!", eu nunca mais vou dormir
E alguém vai estar olhando a minha cama
Enquanto estiver na floresta

E quando eu tente olhar nos olhos
E de amanhã ainda cante um som de ontem
Vou estar rolando do próximo corpo à próxima mente

Mas só se for no novo mundo
Onde não há mais nada a se perder
E nada que não tenha total liberdade

Espero estar na minha quando eu canto um blues
Você sabe que isso vai fazer só bem pra mim

Há um ônibus que parte de São Paulo
Pro trem que há de Bauru a Corumbá
E um visto que se tira na fronteira
De lá até Santa Cruz dá pra cansar

Mas chega lá, e chega lá
Que tem chompa
chompa, chompa, chompa
É bom de comprar

E se voa bem barato a Cochabamba
No inverno é frio demais até La Paz
Penetra com a gente o Titicaca
E em Puno ou em Taquile, tanto faz

Está tudo bem, está tudo bem
Pra quem tem chompa
chompa, chompa, chompa
É fácil usar

Cuzco é um barato e Machupichu
Pizac, mais sei lá, tudo legal
Dali não sei mais como ao Amazonas
E estou sem grana no Brasil mas não faz mal

É só vender, é só vender
Minhas chompas
Chompas, chompas, chompas
São tudo pra mim

Há um bumba do Sudeste ao São Francisco
Que para entre o Sergipe e o Ceará
E nas férias de dezembro a fevereiro
Alguns ficaram sem dinheiro pra voltar

A chuva que estou dentro desde anteontem
Vê pouco um "borbolento" e onde eu ficar
Só o meu amor pode botar dentro e sendo
O que estou sentindo: pedras no joelho e rochas no mar
E não é para morrer, mas para pôr porém
À maneira de pôr, mas sem morrer em...
— Esqueceu —

Você diz do que se diz que é muito pouco, sim
E está entupido tanto e como a asa delta
Jah-I é o rei e veja a professora sacudindo os papéis
Vestindo-se à chuva de quanto há porquê em minha dor
Mas vê os "diferíveis"
Que embolam em blues de sangue o santo ar
Como um grande lado de mar:
— Estrague sua cabeça
— Entregue sua cabeça

Isso já está bastante ruim
Entre amigos e primos
E não posso explicar, mas agora
Sim, mas hoje, agora
Desta máquina em que vivemos
A gente nunca diz, mas é o que eles dizem
(e isto é o que eles dizem sobre hoje,
e à maneira do que dizem ser também)
— Impossível
Para homens que vivem
E já não pretendem ser livres como a água

Como para qualquer um que queira fazer seu lugar
(E novamente na minha cara
Eles vêm e dizem:)
— Em qualquer lugar!
Você sabe muito bem,
O som de guitarrista no escuro
E o beiço da menina
São como um corvo calvo

Há muita donação nos seus olhos
Fazendo amor no silêncio
À solução que eles andam
E no momento preciso

Nesse lugar
Se você ler o jornal de pedra
Todos vão estar lá dentro
Menos eu

Você não sabe o que amassar no queijo
E não ter o irmão no futuro

A sombra e o sol é que vêm por si
Ele vai se por amando imensamente na fotografia
E devagar eu chego lá: de vagar, chego lá!

Não lhe disseram da princesa?
Não, não, não
Você não sabe
Que quando você ama e não é ninguém, baby
Você fica ouvindo um pequeno som
Mas quem é "baby"? E não vai estar aqui amanhã
Ele vai se por amando imensamente ante a fotografia

Eu digo: dê o coração
E você pode
Só de coração você pode
Dê o coração e você pode

A day in the life

Eu tive um sonho hoje, ô cara...
De como as coisas ainda vão ficar
E nesse sonho hoje, cara...
Eu vi o meu lugar
Mas tive de sonhar

Se você quis sentir a barra
Havia um cara que nunca notou
E as luzes moram em seu carro
Já vi a cara antes
E ninguém sabe ao certo se ele é ou não da classe A

Eu vi um filme hoje, cara...
Nossas armadas 'tão de prontidão
E fora isso não há nada
Mas eu somente olhei
E sei olhar além
Se nota a cor do céu

Ouvi um sonho hoje, cara...
De muitas bocas que não vão jantar
E esse sonho está na cara
Que vai se realizar
Hoje pelo menos não precisam mais se preocupar
Se nota a cor do céu

Simple shady

Alguém me trouxe vinho
E a chance de acalmar
Com um copo vindo ao fundo
Na sede de escutar

Depois que a noite engole o mundo
Ao som de um clarear
Me sinto a um segundo
De tudo se acertar

Nas histórias de amores
Que iriam resolver
Mas a vida não é simples
Pra você

Ainda pensa que me iludo
Vendo o céu se clarear
Mas a vida permanece
Em seu lugar

(A manhã de sol e sonhos
Prepara um caminhar —
Saudade vem chegando
Sem força pra levar

À tarde inverte o vento
Revoa um garoar
Em que fico pensando
Aonde foi parar

Mas à noite é só a lua
De novo a convidar
Pras estradas de ida e volta
Sobre o mar

Você pensa que me iludo
De uma nuvem a rodar
Mas a vida ainda segue
No lugar)

Já não preciso de grana
Eu só preciso de uma assinatura
E na metade dessa formatura
Passei mal

Eu não lhe digo o meu número
E só lhe digo como estou ficando
Pois na metade do terceiro ano
Andei mal

Mas de onde estou
Há muita confusão a se transformar
E a prefeitura assinou um papel
Pra que se poluísse onde nasceu

Veja só
Meu bem
Legal

Estou completamente por fora
Esperando a chuva mudar de dentro
Estou amando
E peguei o meu caderno

Vendo as coisas se passando
Ainda canto por tesão
Mas eu nunca encontro alguém
E eu tento, eu tento

Não há sinal de luz
Apenas de drogas pesadas
E uma gota a mais na chuva
Quando eu choro

Mas eu nunca mostro a cara
E eu tento, eu tento
Eu nunca esqueço o juízo
Mas eu tento, eu tento

Outros poemas (curtos)

O cigarro
Que me polui
O sangue
Me acalma

Como catarro
Que se dilui
No mangue
Em lama

Manhã

Tarde eu sei
Você veio do chão
Ardeu meu coração
Mas eu não pirei

Eu não estou na moda
Eu sou foda

Tudo além do nada
É real
Na descida desigual
Da onda ao azul

Ainda se faz sem sentido
E precisa de "tempo"
ela diz pra si mesma

Anda pelas ruas

Qual a lógica?
Você olha muito bem
Do fundo da garrafa
Que encheu chorando
Você ou não?

S

I

G

O

meu
mero amor
tocante outro
erro — rompo

(agora,
ouça...)

Pro fundo da noite
Partiu nosso voo
Sobre ruas com luzes
E luas que não
Se percebem ao sol

Você responde
Quieta e devagar
Em um carro da cidade
Fala da bipolaridade
A muitas milhas de distância

Veias com ramificações na minha cabeça
Onde correm as informações — onde ocorrem —
Contaram a ela
Foi falando...
— De onde você vem? Qual seu nome?

Linhas na minha cara
Alteram-se por s (segundo)

Conforme lei de Einstein:

— tempo vai se incorporar
— as células compõem corpo
— velhice conforme lei

Ando em desperdícios
Sem mais pressa de viver
Só quando me dá saudades
Ainda penso em você

Por que vive engarrafada a Cidade Jardim?

Trânsito infernal
Motociclistas timpânicos
Caro cara
Esse carro corre...

Corre voando
Meu sal voador

Poesia não é para ter medo
De perder ½ (um dedo)

O ouro é do garimpeiro
Potência de amor inteiro

Manga

Você me quer como líder
E eu o quero como irmão
Não existe nenhum líder
É cada um por si

O seu mestre é você
(mesmo)

Completam anos nas estradas
Mas não estranham
Lustrar estragos
Das estrelas

Puro favo
Por favor
Por favo
Puro favor

CLARO
COMO
QUÊ

Quanto tempo perd
ido embora a ter
tido o que me pe
rgunto a cada ter
rível econtro con
tigo momento per
feito instante ter
visto corpo ter
sido amor
que continua fer
a

Energia do urânio
Mina nuclear do túnel
Sem saída de hormônio
Ou bomba de hidrogênio
Sem fascínio e sozinho

Sobre a aranha
Voa a cegonha
Foge à piranha
Fuma maconha

Bate o sol
Naquele rio
Que vem do céu
Pra onde vou
Mundial-
Mente eu
Mato e, como a canção,
Azul — azul

Singelos

A rainha

Há dois bilhões de anos eu caí no mar
De ilusões que já não pude estar no ar
Hoje vivo louca como a *rolling stone*
Esperando vir um rei me salvar

E o que faz ele só

Me raptar
Me beijar
Me soltar
E me largar?

Há dois milhões de anos eu parei para pensar
Nas vibrações de que não pude mais voltar
Hoje fico louca com o pôr do sol

Coming down

Eu vou cair no mar
Pra nunca mais voltar do fundo

E se ficar no mar
Nem vou pensar
Nas coisas loucas
Que você falou

Cuidado menino

Se não eu te dou um boato
Se não eu te dou um trampo
Se não eu te dou um rapto

Abriríamos os trens para a madrugada

caqui
suco de pitanga
sorvete de manga

pudim
salada de fruta
filé de truta

banana
gelatina
figo
presunto e melão

mamão
torta de maçã
laranja e limão

pêssego
abacaxi
eu não quero sobremesa

À meia noite o sol está explodindo
E muita coisa ainda vai nascer
Na idade do pó

Amanhã não saio do lençol
E minha coisa linda vou querer

"Não vá embora
Não me deixe agora"

(mas é de fato emocionante
O jeito como preciso dela)

"A senhora disse
uma tolice
Mas o que vale disso
não é o que a senhora
disse e que é hora
disso tudo
dissipar-se"

Não me empenho
E não te ganho
Faço o sonho
Uso o punho
E bebo vinho

Bate um sol
E aquele rio
Que vem do céu
É onde estou
Sonho meu
Desta canção

Vaca solta
Leite do pasto
Tão visto

Na montanha
Em onda
Pura viagem

Distantes sinos
E leite de vaca
Tão puro

Se me ouvir
Não faça um som
Cante-me, cante-me

Você sabe
No que vai dar
Tudo, tudo bem

Carneirinho de papel
Fixa o olhar
No próprio sol

Na montanha, detrás da cordilheira
Vivia uma princesa herdeira
Mas o reino era quase um deserto
E não havia esperança por perto

Então um dia ela pediu
Ao céu muita água
Mas não havia nuvem por perto
E não poderia chover

Mas o rio se abriu
E se espalhou
Enchendo tudo de verde, de amor
Por todos os cantos do reino e os campos de flor

E o céu de cor
Mas a enchente continuou
Por muitos e muitos e muitos anos
Levando tudo para o fundo dos oceanos

E as árvores...
"Oh, meu Deus, me perdoe
Eu só queria ajudar
E agora que se foi, o que vou poder herdar?"

Mas o rei chegou
De paraquedas
Abraçou a filha e seguiram para outra planície
A cavalo

Décadas de decadência
E o presidente está preso
A pressa é a formiga da perfeição
Não cademos nesta cabeira

Uma nuvem carregada que se desmancha em H_2O

Era uma vez
Uma nuvem
Pouco nobre

E muito todavia
Essa nuvem
Era formada a partir de elementos dos He_2

(rindo desesperada
e correndo para o gemido,
Lalá, pensou:
“cuidado com as crianças”)

Silêncio

Olha, naquilo que estava passando
Havia formigas
Lampiões
Peixes educadores e crianças

Mas ninguém pensou que pudesse chegar
Como uma onda salgada
“Ishhh”

Era uma vez
Duas formiguinhas lentas, sem voar
Mas seus olhos de camaleão
Também ouviam

E eram securas: normas pelas quais
Haviam dito coisas a ver
Com aquilo que tinham medo de ouvir

Naquele dia
Pela manhã
Amanheceu-se de bode
E eu disse:

"Olha, meu bem
Foi tudo assim
Como eu disse"

Foi assim:
A porta bateu e eu tive
De me defender de um barulho
Que estaria sendo provocado
Por uma pessoa de letra inicial s

Cari? Caricari? Cat?
E aí? Só...
Cossississi "*parum* pare"

Era uma vez
Um anel que estava de botas
E então naquele dia um amigo viu o cio
Naquilo que nós, "inclusível"
Haveríamos de ver à luz
Sem onde e para quem

Em tudo aquilo, inclusive
A quem pudesse pensar que se esqueceu de ousar
Mas o sono fez com que: fi-el fé
Nas coisas que antimesmas revirariam os labirintos
Massa!

Resolve-se o sol

Revólver ao sol da noite despencando
Bate-se um revolto armar que transcorre
Meu bem, lá de Marte, é puto
Por perder o seu gozo

Não é com ele
Não é naquele
Não é ele
Nem serei eu

Só ao
Futuro
(adeus)
Pertenço

Não perco
Tempo
Com tanto
Juízo

Morro
De almar
Meu próprio
Isolamento

Sou teu
E vou sempre
Vivendo

Rei por último
O futuro Adeus
Não me compre
Caneta

Tu és nuvens
E mais tristeza
Então, meu bem
Me vingarei

Longe daqui
Há ali
Pra onde corre
Meu carro

Trânsito do inferno
Por que será
Que motociclista voador
Por lá virará?

Adeus meu bem
Adeus meu amor
Adeus a mim mesmo
Eu quero ir

Não adianta ir mais longe
Não adianta ficar
Se Deus existisse
Não voltaria pra cá

Eu sei que estou triste
Mas muito triste mesmo
E por isso mesmo
Não quero apenas transar

Tivesse você
Tivesse alguém
Não mudaria a solidão
Que está solta no lar

Ó companheira!
Que tanto ainda me ajuda
(E está cansada, com uma indiferença
Que não faz crescer nenhuma árvore;

Devagar sua cabeça percebe
A realidade, devagar
E floresce aos poucos no jardim
Sua pessoa)

Você ainda pensa
Que eu vou voltar?
Seria louco para sempre
O meu lugar?

E ainda não lhe disse nada
Do que eu tinha pra dar
Porque agora finjo
Que estou tentando mudar

Mas, e aí?
O que será de ti
Quando o futuro mostrar
Qu'eu não parti?

Nunca soube de nada
E é só isso
Não ser nada
Mais

Porque poeta
É ser poeta
Faz poesias (burras)
E, aliás, mente muito

Não trabalha
Não se inspira
Finge o que sente
E não sente nada

Apenas lembranças
Será que são boas?
É engraçado
Rir à toa

Chorar e dizer coisas desconexas
Para apenas lembrar que vive
Com um pino solto
E apenas por um fio

Um fio desafinado:
O destino solto
É rolar
Na cama

Estar acordado
Mas sem sonhar
Só lembrar das conversas
Que imaginar

Eu nunca vou mudar você
Mas você me mudou
Porque agora eu minto muito
Pra não ser feliz

Um dia eu vou pra Inglaterra
E pensando estar lá
Vou bater uma bronha
Homenageando você

Que eu nunca mais vou trair
Em pensamento
Hoje em dia só frequento
Sua vagina

Queria mudar de vida
Hoje não há vida
Amanhã, talvez
Ou depois da manhã

(Quando o Sol
Trair você
Explodirá de noite
Até querer)

Vou embora mesmo em sentimento
Volto um minuto depois
Quando tudo parece
Diferente

Ha Ha Ha
Nem sempre
A gente
É triste

Ui ui
A gente
É sempre
Desmotivado

Para o Sol que raia e (dizem)
É bonito
Quando bonito será
Não haver sol?

O dia nos leva às trevas
Mas é bom dormir
Amanhecer também
Tudo é bom (mas nada completa)

Articulo
A despedida
Deste poema
Com azar

A hora
De ir embora
Fazer
Os afazeres

Não quero mais escrever sem nexo
Portanto, não sei mais escrever
Tento um trabalho sério
Que é um desprazer

Talvez o prato
Me compreenda
Porque ele
É redondo

E tem a forma
Mais misteriosa
À qual
Estou acostumado

Para sempre
Meu bem

Índice de poemas

Poesia, pois

Mais visuais

Musas

Letras de músicas não gravadas (1974 a 1980)

Letras de músicas não gravadas (1981 a 1984)

Outros poemas (curtos)

Singelos

www.laranjaoriginal.com.br

Edição e texto de orelha **Filipe Moreau**
Projeto gráfico **Arquivo · Hannah Uesugi e Pedro Botton**
Produção executiva **Gabriel Mayor**
Foto do autor **Ângela Mariani**

Dados Internacionais de Catalogação na Publicação (CIP)
(Câmara Brasileira do Livro, SP, Brasil)

Moreau, Filipe

Picolé e alferes: só poesia / Filipe Moreau. — 2. ed. —
São Paulo: Laranja Original, 2019. — (Coleção poetas
essenciais; v. 11 /coordenação Filipe Moreau)

ISBN 978-85-92875-64-0

1. Poesia brasileira I. Título. II. Série.

19-29872 CDD-B869.1

Índices para catálogo sistemático:
1. Poesia: Literatura brasileira B869.1

Maria Paula C. Riyuzo — Bibliotecária — CRB-8/7639

Fontes **Gilroy e Greta**
Papel **Pólen Bold 90 g/m²**
Impressão **Forma Certa**
Tiragem **50**